1 Warum will Hanno nicht in die Schule gehen?
Kreuze an.

- J Weil die anderen ihn auslachen.
- A Weil Ludwig Schimpfwörter zu ihm sag
- K Weil er Angst vor der Schule hat.
- E Weil er nicht so früh aufstehen mag.
- O Weil er keinen Freund hat.
- B Weil er glaubt, dass er ein schlechter Schüler ist.

2 Frau Beck sagt: „Du musst nicht immer schlafen, Hanno. Dazu ist die Nacht da."
Was könnten Hanno, Ludwig und ein anderes Kind aus der Klasse denken? Verbinde.

Frau Beck findet Hanno genauso blöd wie ich.

Frau Beck findet Hanno genauso blöd wie der Ludwig.

Frau Beck versteht mich einfach nicht.

Ludwig

Hanno

Kind aus der Klasse

! *Trage die richtigen Buchstaben für die Lösungswörter der Reihe nach in das 1., 2., 3., 4. und 5. Kästchen auf Seite 15 ein. (Aufgabe 1)*

1 Setze nach jedem Wort einen Trennstrich und male den Drachen so, wie er beschrieben wird.

EINEROTEZUNGEEINENASEDUNKLERRAUCHE
INENBAUCHEINENRÜCKEN
ZWEIFLÜGELLANGERSCHWANZVIERBREITEKLA
UENKOHLRABENSCHWARZ

2 Welcher Satz stimmt für Hanno?
Welcher Satz stimmt für den Drachen? Kreuze an.

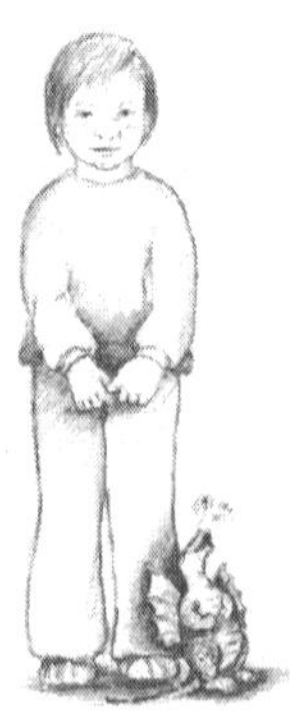

	Hanno	Drache
Er sieht anders aus als die anderen.	☐	☐
Er hat Probleme in der Schule.	☐	☐
Er wird von den anderen geärgert.	☐	☐
Er hat keine Freunde.	☐	☐
Er kann nicht so viel wie die anderen.	☐	☐

1 Welche Nahrungsmittel isst Hanno gerne? Kreise ein.
Welche Nahrungsmittel machen dick?
Welche machen nicht dick?
Verbinde zu dem dicken und dem dünnen Drachen.

2 Hanno isst am liebsten Schokolade. Der Drache frisst Schokoladenfeuer. Was frisst der Drache, wenn er deine Lieblingsspeisen frisst?

Ich esse am liebsten ...	Der Drache frisst ...

1 Wie könnte das Kapitel nicht heißen?
Kreuze an.

A Hanno kann singen

E Hanno kann tanzen

U Der kleine Drache lernt tanzen

2 Welcher Satz aus dem Kapitel passt am besten zum Bild? Schreibe auf.

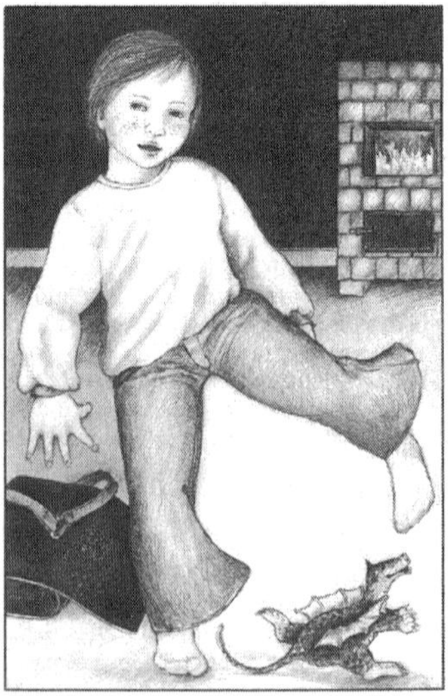

! *Trage den richtigen Buchstaben für die Lösungswörter in das 6. Kästchen auf Seite 15 ein. (Aufgabe 1)*

1 Hanno ist mutig. Wer noch? Kreuze an.

- [E] Susi Vogt
- [A] Ludwig Hall
- [I] Frau Beck

2 Welche Textstelle zeigt, dass Ludwig keine richtigen Freunde hat? Kreuze an.

- [T] Seite 27, Zeile 4–7
- [B] Seite 28, Zeile 1–4
- [G] Seite 30, Zeile 16–21

3 Stell dir vor, du bist Susi Vogt.
Was würdest du über diesen Tag aufschreiben?

! *Trage die richtigen Buchstaben für die Lösungswörter in das 7. und 8. Kästchen auf Seite 15 ein. (Aufgabe 1 und 2)*

1 Hanno macht Fehler bei seinen Hausaufgaben.
Unterstreiche die falschen Wörter in jedem Satz.
Schreibe dahinter, wie viele Fehler du gefunden hast.

Der Has hat lage Ohren. ☐ Fehler

Der Hse hat lane Ohren. ☐ Fehler

Dr Hase ht lange Ohen. ☐ Fehler

2 Schreibe den Satz in deiner schönsten Schrift richtig auf.

____

3 Wie hat Hanno den Satz richtig schreiben gelernt?

[O] Er hatte so viel Lust, den Satz zu schreiben.

[R] Er hat es vorgemacht und dabei selbst gelernt.

[I] Er hat sich besonders angestrengt.

! *Trage den richtigen Buchstaben für die Lösungswörter in das 9. Kästchen auf Seite 15 ein. (Aufgabe 3)*

1 Umkreise vier Wörter im Suchworträtsel.
Welche beiden Dinge fand der Drache
an diesem Tag besonders schön? Schreibe auf.

K	W	U	K	U	C	H	E	N	F	E	U	E	R
J	D	R	A	C	H	E	N	L	A	N	D	Z	W
B	Y	J	N	T	B	P	M	H	Q	Q	G	H	V
F	E	U	E	R	F	E	S	T	U	D	H	Z	N
P	U	K	U	L	B	P	U	L	E	V	P	Z	X
W	U	L	P	U	R	Z	E	L	B	Ä	U	M	E

2 Welche Wörter stecken in Purzelbaumschlagen?

3 Wie viele Purzelbäume schlägt
Hanno im ganzen Kapitel?
Kreuze an.

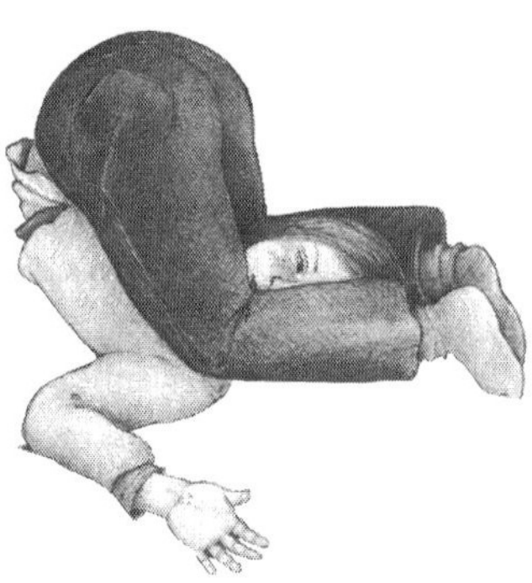

A vier U neun O elf

! *Trage den richtigen Buchstaben für die Lösungswörter in das 10. Kästchen auf Seite 15 ein. (Aufgabe 3)*

1 Trage die Antworten in das Rätselgitter ein.

1. Welche Stifte hat Hanno geschenkt bekommen?
2. Wo hat Hanno das Bild mit den Fischen gemalt?
3. Wer findet Hannos Bilder blöd?
4. Wen zeigt das Bild, das der kleine Drache malt?
5. Was haben Hanno und der Drache auf ihren Bildern vergessen?
6. Was werden Ludwig und die Drachen tun, wenn sie die Bilder sehen?

1 Unterstreiche die Fehler im Text und schreibe die richtigen Wörter darüber.

Hanno steht schnell auf. Er hängt sich

an einen Baum, er stemmt die Füße gegen

den Ast und zieht sich hoch. Der kleine

Drache schaut genau zu. Dann klettert er selbst.

2 Wie viele Fehler hast du gefunden?
Kreuze an.

A fünf E sechs U sieben

3 Warum will sich der kleine Drache zu Hause im Drachenland bestimmt nichts mehr gefallen lassen?
Kreuze an.

O Weil er sogar schneller als Hanno laufen kann.

J Weil er ganz viel kann, obwohl er der Kleinste ist.

Z Weil Hannos Vater ihm immer helfen wird.

! *Trage den richtigen Buchstaben für die Lösungswörter in die 11. und 12. Kästchen auf Seite 15 ein. (Aufgabe 2 und 3)*

1 Was hat der kleine Drache nicht von Hanno gelernt?
Kreuze das richtige Kästchen an.

[O] singen [A] malen [E] lesen [I] klettern

[U] rechnen [K] schreiben [P] Purzelbaum schlagen

2 Der kleine Drache liest viele schwierige Wörter.
Lies die Geheimschrift und schreibe die Wörter.

____

____

____

3 Welcher Satz stimmt? Kreuze an.

[N] Alles, was der Drache gelernt hat,
glaubte Hanno nicht zu können.

[H] Alles, was der Drache gelernt hat,
konnte Hanno wirklich nicht.

[T] Alles, was der Drache gelernt hat,
fiel Hanno schon immer leicht.

! *Trage den richtigen Buchstaben für die Lösungswörter in die 13. und 14. Kästchen auf Seite 15 ein. (Aufgabe 1 und 3)*

1 Suche die Lieder, die der kleine Drache singt, im Buch. Schreibe die fehlenden Zeilen auf.

Der Drache schmatzt und schleckt,
weil ihm das Feuer schmeckt.
Mit Schokolade in der Glut

Ich Drache kann jetzt schreiben,
so soll es immer bleiben.
Ich bin ja nur sehr klein,

Kein Drache konnte lesen,
so ist es stets gewesen.
Der kleine Drache kann es …

2 Warum nennt sich Hanno Hannes? Schreibe auf.

---

1 Was tut Hanno, als Ludwig Hall ihn wieder ärgert?

- [S] Hanno bekommt Angst.
- [K] Hanno schlägt ihn mit dem Schulranzen.
- [G] Hanno macht sich über ihn lustig.

2 Wer bemerkt welche Veränderung an Hanno? Verbinde.

Hanno hat gar keinen Fußballbauch mehr.

Hanno kann viel schneller laufen als früher.

Hanno liest fünf Sätze und macht dabei nur zwei Fehler.

Susi Vogt

Frau Beck

Stefan Stark

! *Trage den richtigen Buchstaben für die Lösungswörter in das 15. Kästchen auf Seite 15 ein. (Aufgabe 1)*

1 Lies die Sätze genau und vergleiche sie mit dem Buch. Kreuze den richtigen Text an.

[I] Ich gehe zurück ins Feuerland. Ich glaube, jetzt ärgert mich dort bestimmt keiner mehr. Ich bin der einzige Drache, der lesen kann.

[A] Ich gehe zurück ins Drachenland. Ich glaube, jetzt ärgert mich dort bestimmt keiner mehr. Ich bin der kleinste Drache, der lesen kann.

[E] Ich gehe zurück ins Drachenland. Ich glaube, jetzt ärgert mich dort bestimmt keiner mehr. Ich bin der einzige Drache, der lesen kann.

[O] Ich gehe zurück ins Drachenland. Ich glaube, ich ärgere mich dort bestimmt nicht mehr. Ich bin der einzige Drache, der lesen kann.

! *Trage den richtigen Buchstaben für die Lösungswörter in das 16. Kästchen auf Seite 15 ein.*

1 Schreibe zu jedem früher-Satz einen heute-Satz.

früher	**heute**
Hanno brachte alle Buchstaben durcheinander.	
Hanno hatte keinen Freund.	
Hanno hatte einen dicken Bauch.	

2 Finde selbst noch einen Vergleich. Die Wörter helfen:
klettern – schreiben – laufen – Angst haben – singen – malen – Purzelbäume schlagen

früher	**heute**

1 Warum heißt das Kapitel „Hanno ist nicht mehr allein“, obwohl der kleine Drache ihn verlässt? Schreibe auf.

Lösung:

1	2	3	4	5

6		
	N	D

	7	
D		R

8	9	10		11
			ß	

12	13	14	15	16

So heißt ein Buch von Paul Maar. Das Kind in dem Buch will am liebsten auch nicht mehr in die Schule gehen. Bis es eines Tages unerwartete Hilfe bekommt!

Das ist Irina Korschunow. In der Schule war sie selbst eine Außenseiterin, weil ihr Vater aus Russland kam. Auf Russisch kann man „Hanno malt sich einen Drachen" nicht lesen, aber dafür in vielen anderen Sprachen, wie französisch, englisch, spanisch, dänisch, holländisch, schwedisch und sogar in japanisch. Mary Rahn, die alle Bilder im Buch gezeichnet hat, wurde in Japan geboren und ging dort zur Schule.
Sie hat aufgeschrieben, wie „Hanno malt sich einen Drachen" in Japan heißt:

ハンノとドラゴンの友情物語

Finde noch drei andere Bücher von Irina Korschunow.

1. ______________________

2. ______________________

3. ______________________

Unter www.antolin.de kannst du im Internet nach Büchern von Irina Korschunow suchen.
Dort gibt es viele Quizfragen zu Büchern!